鳳凰露露的 祕密

10

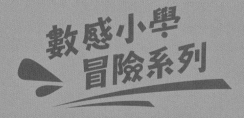

數感小學
冒險系列

目 錄

這本故事是在說⋯⋯

你有看過一種很厲害的立體畫嗎？明明是平面，看起來卻好有立體感。告訴你一個更厲害的事情，這次小哲他們和求真隊的最終對決，入口就是一張立體畫。和小哲一行人走進畫裡，你來到最終對決的賽場，比賽題目是──折方塊？！

十幾張卡片，有些可以折成一個方塊、有些不行。你如果不能看出來，就趕快使眼色給白熊，請他幫忙吧。方塊折出來了，蹦！又跑出新的問題，很大很大的數字、很小很小的數字、猜猜看骰子會出幾點。一道道題目在空中飛舞，閃閃發光，都曾經出現在小哲他們和鳳凰露露老師一起經歷過的故事中。趕快翻開來，看看這場精彩的最終對決吧！

3

人物介紹

叮叮

丁小美的綽號，就讀春日小學三年級，常在媽媽開的「慢慢等」早餐店幫忙，算術好，行動力強。

鳳凰露露

春日小學新來的宇宙數學社指導老師，她有個特別神祕的大包包，裡頭應有盡有，簡直就像個宇宙黑洞，這是怎麼回事呢？

故事提要

永遠都在辯的曹前、曹後果然厲害，最終考驗竟然無法分出勝負，但是還有最終最終的考驗嗎？鳳凰露露老師最後留下的謎團不僅暗示著答案，是不是也要揭曉老師身上藏著的祕密呢？春日小學三人組的冒險終於要到終點……

小哲

蔡維哲的外號，從小跟著爸爸做訂製款的高級自行車，喜歡研究機械構造、組裝模型，更愛動手做。

白熊

熊大為的身材像大熊，是溫暖的男孩，他蒐集了各式各樣的百科全書，立志將來也要寫一套自己的百科全書。

251

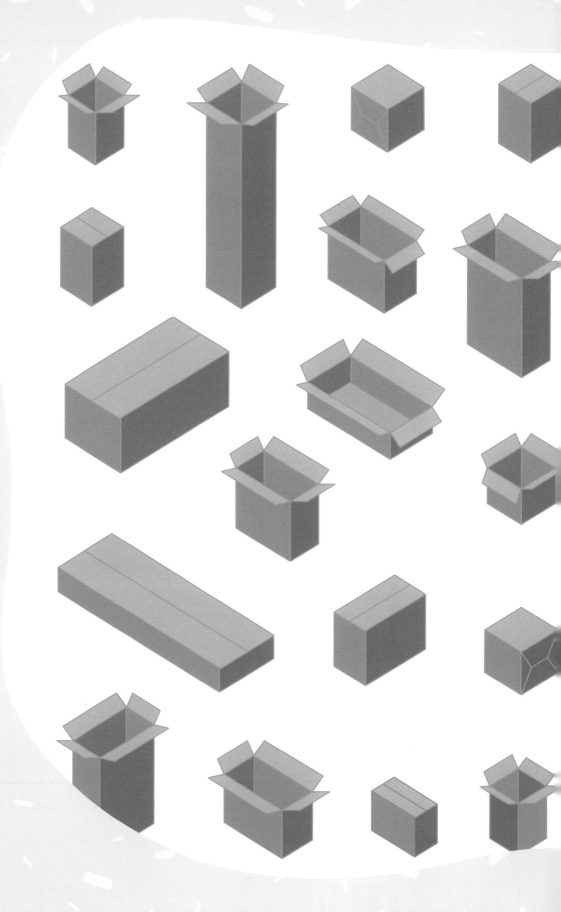

第一章

眼見為憑紙箱王

　　春日鎮自行車比賽前一天，逆風飛翔腳踏車店熱鬧滾滾。很多腳踏車要維修，許多選手來換裝備，數不清的志工幫忙整理器材，店門口有十幾箱打開的零件，空紙箱全交由小哲、叮叮和白熊處理。

　　白熊的動作不快，但是很細心，他整理過的紙箱，按著大小疊放，看起來整整齊齊。

　　叮叮幫忙把四個馬表從長形紙箱裡拿出來，然後看著一疊大、一疊小的紙箱，細長型的紙箱卻沒地方堆。

　　「馬表的箱子嗎？放另一堆好了。」小哲擦擦汗，他是爸爸的小幫手，也是明天的參賽選手，事情忙得不可開交，恨不得多一雙手來幫忙。

　　「妳的紙箱，和我這個紙箱裝的都是同一種馬表耶。」白熊手上的紙箱也裝了四個相同的馬表，但是那 4 個馬表卻是擺成一個正方形，不像叮叮的長紙箱，一個接一個，疊了 4 個。

　　「一定是廠商沒有紙箱了，就找別的紙箱來裝馬表。」小哲把腳踏車放好：「很多紙箱都可以重複利用。」

叮叮整理紙箱的時候，發現這兩種紙箱都是裝四個同樣的腳踏車馬表，紙箱的厚薄也差不多，但是長形的紙箱：「它感覺比較重。」

小哲接過兩個紙箱：「真的耶，長形的紙箱比較重。」

「真的嗎？不然我們把馬表通通再放回去，搞不好紙箱其實都不一樣大。」白熊把一個個馬表再放回去箱子裡包好。

叮叮的長形紙箱裝 4 個剛剛好，沒有一絲空隙；白熊的方形紙箱也是裝 4 個馬表剛剛好。白熊把馬表再拿出來，長形紙箱的底部是一個正方形，馬表的盒子有標高度，是 20 公分。

「雖然沒有標出馬表盒子底的邊長，但是把兩個馬表擺在一起，底部邊長剛好等於馬表高度。」叮叮仔細算著：「所以每個馬表底部是10×10公分的正方形。」

　　看著叮叮量，小哲也把皮尺拿出來量。長型的紙箱可以擺4個馬表，高是80公分、馬表底的長寬各是10公分。方形箱子放進4個馬表後，箱子的高是20公分、長20公分、寬20公分。

　　叮叮一下子就計算出來了：「長型紙箱的體積是80×10×10 = 8000立方公分，方形箱子的體積是20×20×20 = 8000立方公分。奇怪了，長型紙箱的體積和方形紙箱一樣，為什麼拿在手裡感覺比較重？」

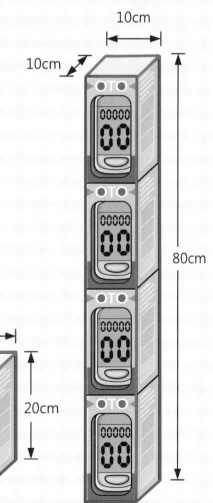

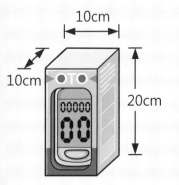

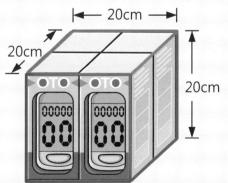

兩個紙箱都是空的，紙質一樣，厚度也差不多。

「一定是鳳凰露露老師的魔法。」叮叮一說，三個孩子抬起頭，看不到鳳凰露露老師的身影。

小哲保證：「這些裝零件的紙箱都是廠商寄來的，不是從老師的神奇包包拿出來的。」

「我們是宇宙數學社的成員，一定能找出答案。」白熊把紙箱細心拆開，攤平。

「剛才算過了，這兩種紙箱體積一樣大。」

「或許祕密藏在別的地方。」白熊說：「這兩個紙箱都是由 6 片紙板組合而成，我們如果把它們一片片算出來……」

長方形紙箱的面積祕密

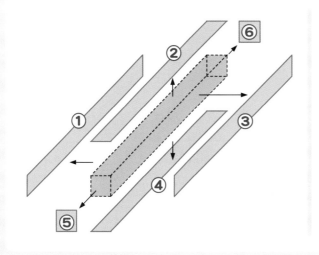

長方形紙箱是由 6 面面積分別是：

①～④的單面面積
= 80×10 = 800。

⑤⑥的單面面積
= 10×10 = 100。

①～⑥面的總面積
= 800×4 + 100×2
= 3400 平方公分

叮叮啟動心算模式：「長形紙箱有 2 片一樣大的正方形，面積是 10×10 = 100 平方公分，還有 4 片一樣的長方形，面積是 80×10 = 800 平方公分。所以這 6 片紙板的面積是 100×2 + 800×4 = 3400 平方公分，對不對？」

「你別忘了，還有紙的重量。」小哲提醒她。

「我們假設每平方公分的紙板一樣重。」白熊看看大家，叮叮和小哲點點頭。

「所以方形紙箱是：20×20×6 = 2400 平方公分，哇～」小哲算到這兒，眼睛瞪大了：「兩個紙箱體積一樣大，裝的東西也一樣多，結果……」

方形紙箱的面積祕密

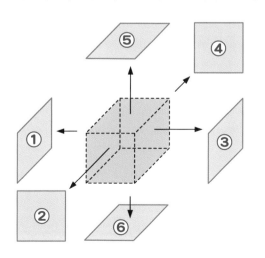

方形紙箱是由 6 面面積分別是：

①～⑥的單面面積
= 20×20 = 400。

①～⑥面的總面積
= 400×6
= 2400 平方公分

「謎底揭曉，真相大白。」叮叮驚呼：「長形紙箱的面積比較大，所以拿起來當然比較重。」

「那之後我裝馬表的紙箱要用方形的，裝得一樣多、重量卻比較輕。」小哲笑嘻嘻的看看白熊，白熊卻直盯著拆開的紙箱發呆。

「你怎麼了？」小哲問。

白熊把攤平的方形紙箱轉個角度：「是不是很像……」

「十字架嗎？」小哲問。

「這好像我們去鏡子星時，最後一關出現的圖案。」

「那個裝寶石的箱子？」叮叮大叫：「所以，這真的是鳳凰露露的謎題？」

唧～

像在回應她的話，一隻金色麻雀飛落到腳踏車店，牠昂首闊步的走到她們中間，驕傲的把嘴裡的卡片放在叮叮的掌心。

「數學集訓室，最後一場挑戰，想來嗎？」

「要比賽了？」三個孩子同時叫了起來：「我們當然要去。」

數感百科

表面積

你吃過脆皮巧克力冰淇淋嗎？柔順滑口的冰淇淋，外層裹上酥脆巧克力，不僅好吃，又有數學：「巧克力的分量是冰淇淋表面積乘上巧克力厚度」。

很多食物，像火鍋、烤肉，我們都習慣沾滿醬料來吃。當你把食材從醬料碟子裡夾起來，沾到的醬料分量，也跟表面積有關。這下你應該很清楚表面積的定義：

立體形狀每個面的面積總和

如同你的皮膚和整個身體，「表面積」跟「體積」是兩種不同的性質，它們就相當於平面形狀中的「周長」與「面積」。兩個形狀面積相同，周長不一定一樣；同樣的，兩個物體體積相同，表面積也不一定相同。故事裡小哲他們用的兩款紙箱，就是最好的例子。

故事中，他們把箱子拆開來變成「展開圖」，整片展開圖的面積，恰好是立體形狀的表面積。

正立方體展開後有 6 個正方形，假如邊長是 4 公分，一個正方形的面積就是：

4×4 = 16 平方公分

正立方體的表面積是：

6×16 = 96 立方公分

面積因為是平面，所以單位也叫做「平方」；同樣的，立體單位是「立方」。

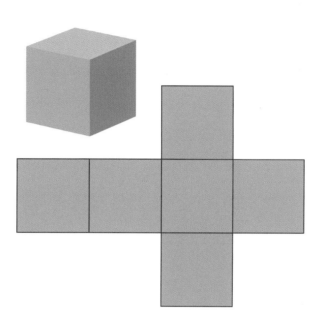

小哲他們計算後發現，同樣體積下，長方體的表面積比正方體大。這道理在平面就看過了：同樣面積的各種長方形中，正方形是周長最小的形狀。

當時我們進一步發現，各種等面積形狀中，圓形周長最小。按照這個道理，計算前你就可以先猜到，同樣體積下，球體表面積最小。下次去吃巧克力火鍋，如果想沾多一點巧克力，就知道該挑被切成球體的水果，還是立方體的棉花糖啦。

邊、頂點、面

多邊形有點與邊，多面體有點、邊和面。你可以想成：邊是兩個面交會的地方，點則是邊交會之處。

我們可以用積木來做一個實驗看看：請你用積木拼出空心的正立方面體，每一面都是邊長為 4 塊積木的正方形。數數看，是不是用了 56 個積木？

可是前面才告訴我們，正立方體的表面積是 64，怎麼才用了 56 個呢？

關鍵就在邊跟頂點上。仔細看看，邊上的每一塊積木，它的 2 面各自對應到正六面體的 2 個面。被放在頂點上的積木就更厲害了，它的 3 面各自對應到正六面體的 3 個面。

現在我們利用面、邊、頂點的個數來解釋，為什麼只用了 56 顆積木。

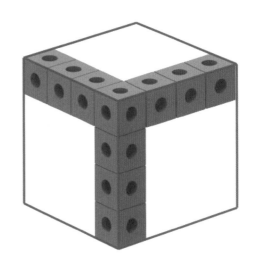

數一數，正立方體有 **6 個面、12 條邊、8 個頂點**。假如是先拼出 6 片正方形再組合起來，你需要 6×4×4 = 96 個積木。組合時，兩兩正方形接在一起，得拆掉一個相交的邊。

一共有 12 條邊，所以要拆掉：
12 × 4 = 48

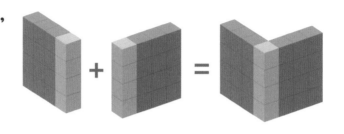

　　有些時候，你得拆掉一個正方形的好幾條邊。以下面的圖為例子，我們要一口氣拆掉 4 條邊，這時，數數看最後只拿掉 16 − 4 = 12 個積木，因為 2 條鄰邊在頂點共用了 1 個積木。

換句話說，要補上頂點的共用積木數 8。
答案就是：96 − 48 + 8 = 56。

　　是不是只要知道邊長（4）、面數（6）、邊數（12）、頂點數（8），就能算出用了幾顆積木呢！知道這個，以後去買積木的時候是不是就可以先算一下，看看該買多少顆才夠。

體積

繼續用積木來看看體積，剛剛是空心正立方體，現在請你拼一個實心長方體，長、寬、高，各自是 4、3、2 個積木。你可以先拼出

2 組長＝4、寬＝3的長方形，把它們疊在一起就完成了。一組長方形用掉 4×3 ＝ 12 個積木，整個長方體用掉 2×12 ＝ 24 個。數數看，是 24 塊，對吧！

再嘗試看看不同長、寬、高的長方體，你會發現：

長方體體積＝長 × 寬 × 高

國外推出超大型的巧克力條，長、寬、高約是 25、6.6、3.6 公分；一般正常尺寸是 9.5、3、1.8 公分。大巧克力價格約是正常尺寸 10 倍。假如想吃很多很多巧克力，你覺得買大的划算，還是買 10 條正常尺寸比較划算呢？

「邊長 4 的空心立方體，需要 56 個積木」。剛剛我們介紹如何不數，直接用面、邊、頂點的關係算出 56 這個數字。你能換個方式，從體積這條路來思考嗎？

邊長 4 的空心立方體，可以想成邊長 4 的實心立方體，拆掉裡面一個小的邊長 2 實心立方體。邊長 4 的實心立方體體積是 4×4×4 = 64，扣掉邊長 2 的實心立方體用掉 2×2×2=8 顆積木，剩下的就是 64 − 8 = 56。

同樣是計算用幾塊積木，就有好多種不同思考角度。學校的數學題目也一樣，往往一題有好幾種解法。學數學除了練習很多題目，也可以嘗試針對一題，思考各種解法。這就好像是從不同角度來看一組雕像，能把雕像看得更清楚，更全盤了解觀念喔！

第二章

穿越透視牆

銀色太空站牆壁上有張奇怪的畫。

它跟整片牆壁一樣大，藍色的房屋透視圖，雖然只是單色，雖然只有線條畫，但是看起來卻像一棟立體的屋子，彷彿隨時能走進去。

在他們進去太空站時，求真隊的曹前、曹後早已經到了，他們站在壁畫前低聲研究。

曹前、曹後愛拌嘴，但是他們總能從辯論裡找出真理，是春日小學隊最大的敵手。

「我ㄨㄛˇ在ㄗㄞˋ臺ㄊㄞˊ南ㄋㄢˊ見ㄐㄧㄢˋ過ㄍㄨㄛˋ這ㄓㄜˋ樣ㄧㄤˋ的ㄉㄜˇ藍ㄌㄢˊ晒ㄕㄞˋ圖ㄊㄨˊ。」叮ㄉㄧㄥ叮ㄉㄧㄥ走ㄗㄡˇ到ㄉㄠˋ圖ㄊㄨˊ前ㄑㄧㄢˊ擺ㄅㄞˇ個ㄍㄜˋ走ㄗㄡˇ路ㄌㄨˋ的ㄉㄜˇ姿ㄗ勢ㄕˋ，朝ㄔㄠˊ大ㄉㄚˋ家ㄐㄧㄚ招ㄓㄠ招ㄓㄠ手ㄕㄡˇ：「來ㄌㄞˊ吧ㄅㄚ，我ㄨㄛˇ們ㄇㄣ去ㄑㄩˋ裡ㄌㄧˇ頭ㄊㄡˊ探ㄊㄢˋ險ㄒㄧㄢˇ吧ㄅㄚ！」

曹ㄘㄠˊ前ㄑㄧㄢˊ笑ㄒㄧㄠˋ她ㄊㄚ：「那ㄋㄚˋ是ㄕˋ圖ㄊㄨˊ。」

曹ㄘㄠˊ後ㄏㄡˋ也ㄧㄝˇ說ㄕㄨㄛ：「太ㄊㄞˋ幼ㄧㄡˋ稚ㄓˋ了ㄌㄜ。」

26

　　小哲故意衝過去，裝作要跳進畫裡，大家明知道那是假的，還是忍不住啊了一聲。然而，叫得最大聲的是小哲，他忍不住，人竟然跑進圖裡：「我一定在做夢，這真的可以走進來。」

　　「怎麼可能……」曹前也不相信，但是，右腳一跨，他也走進畫裡了：「我的老天啊，太神奇了，大家快來看看。」

叮叮愛熱鬧，推著白熊和曹後走進去。

不可思議，這是一間用線條畫出來的屋子，藍色的桌子、藍色的地板、藍色的牆壁。它們都像是用尺畫出來的，規規矩矩、一絲不苟。

藍色房間另一頭的門突然打開，一身火紅的鳳凰露露老師走進來：「泥們都來了，好不好玩？」

「好玩。」孩子們說。

「更好玩的來了。」鳳凰露露伸手一揮，揚起一串閃閃亮亮的粉塵後，空中浮現十幾張卡片。

每張卡片都由 6 片
正方形組成，那是正方
體的展開圖。

「這是今天的挑
戰？」小哲問。

鳳凰露露輕輕點
了點頭：「每隊輪流選一
張圖。」

「選圖？」孩子們七
嘴八舌的問：

「是這些卡片嗎？」

「難道要把它們拼起
來？」曹前問。

曹後立刻想拿其中一張卡片，十字形那
片。沒想到，他手沒抓牢，卡片掙脫他的手，嚇
得曹後大叫了一聲，往後退了一步，引得其他
孩子哈哈大笑。

十字架形的卡片還在動，像在折紙般，它前後左右豎起來，再一折，再一彎，最後變成一個正方體的紙盒後，它緩緩的在半空旋轉，像在跟他們說：「來找我啊。」

「跟鏡子星的紙盒一模一樣，都是正方體的盒子。」叮叮說：「裡頭不知道有沒有寶石？」

紙盒像在回應她的話，上面的盒蓋打開，一道光投射在天花板上。一行數字：「504507890。」

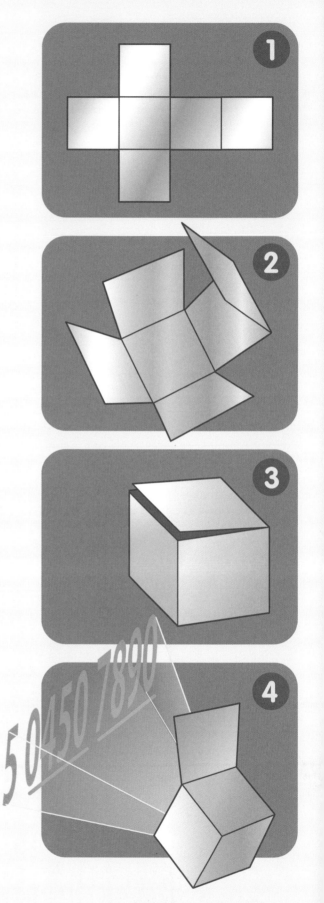

曹前問：「這是什麼？」

「誰的電話號碼？」叮叮猜：「宇宙某顆星球的號碼？」

鳳凰露露閉著嘴巴，搖了搖頭，耳環咚咚響了響。

「一組神祕的密碼？」小哲歪著頭：「沒道理，看不出規則。」

旁邊一直安靜的白熊問：「該不會是五億零四百五十萬七千八百九十？」

白熊剛唸完，「叮」的一聲，那行數字消失。正方體又攤開變回原本的卡片，成了一張十字架形的展開圖，但是整張卡片變得通透，閃耀著綠色的光芒，就像一塊切割工整的翡翠玉珮。

「你怎麼知道要這樣唸？」小哲問。

「那些數字每四個有個底線，我記得在不可思議個巧克力工廠裡，有唸過這樣的數字。」白熊說。

輪到春日隊了，小哲選擇一張 T 字形的卡片。

這張 T 字形的卡片開始扭動，折疊，旋轉，然後上頭的蓋子打開了。突然彈出兩個時鐘。

白色的時鐘指著「3：50」

黑色的時鐘指著「5：10」

「5 點 10 分 減 3 點 50 分……」曹後很快的說：「1 小時 20 分。」

兩個時鐘動也不動，像兩個眼睛，睜大了看著他們。

「不是嗎？」叮叮問。

「是 13 個小時又 20 分。」求真隊的曹後喊著。

錚的一聲，兩個時鐘緩緩眨了眨眼，像說聲晚安，那個正方體降到其他卡片中間，徐徐的攤開，又變回那張 T 字形的展開圖。

和前一張不同的是，它全身泛著紅光。

「簡直像紅寶石一樣。」叮叮讚嘆著：「所以，求真隊答對了是紅色，春日隊是綠色？」

鳳凰露露給她一個肯定的答案。

「那ㄋ這ㄓ一ㄧ題ㄊ呢ㄋ？」曹ㄘ前ㄑ想ㄒ抓ㄓ一ㄧ個ㄍ展ㄓ開ㄎ圖ㄊ下ㄒ來ㄌ。

奇ㄑ怪ㄍ的ㄉ是ㄕ，這ㄓ張ㄓ圖ㄊ好ㄏ像ㄒ很ㄏ怕ㄆ他ㄊ，一ㄧ直ㄓ扭ㄋ扭ㄋ捏ㄋ捏ㄋ的ㄉ躲ㄉ著ㄓ他ㄊ。最ㄗ後ㄏ，在ㄗ這ㄓ群ㄑ孩ㄏ子ㄗ面ㄇ前ㄑ伸ㄕ來ㄌ扭ㄋ去ㄑ，但ㄉ就ㄐ是ㄕ折ㄓ不ㄅ起ㄑ來ㄌ。

「奇ㄑ怪ㄍ了ㄌ，一ㄧ樣ㄧ都ㄉ是ㄕ 6 個ㄍ正ㄓ方ㄈ形ㄒ，卻ㄑ折ㄓ不ㄅ起ㄑ來ㄌ？」曹ㄘ前ㄑ很ㄏ不ㄅ服ㄈ氣ㄑ。

白ㄅ熊ㄒ仔ㄗ細ㄒ看ㄎ看ㄎ，搖ㄧ搖ㄧ頭ㄊ：「沒ㄇ錯ㄘ，這ㄓ張ㄓ卡ㄎ片ㄆ折ㄓ不ㄅ起ㄑ來ㄌ。」

求真隊浪費一次選題的機會，又輪回春日隊。叮叮挑了一張戟形的展開圖。它很柔順的舒展自己，像個老爺爺打太極拳似的，慢慢折出正方體，緩緩打開一個側面，把一段寶藍色的線條投射在牆上。

　　線條安安靜靜。

　　鳳凰露露難得的宣布：「孩子們，請量出這條線條的長度。」

　　「尺？老師，尺放在哪裡啊？」曹前問，鳳凰露露搖搖頭。

　　「那怎麼量啊？」叮叮看看白熊，白熊也搖搖頭。

　　讓所有人吃驚的是小哲，他快速走過去，用手掌量了幾次，轉身：「45公分。」

　　「你怎麼會知道……」曹後還沒問完，噹的一聲，那個正方體旋轉、打開，變成一塊散發淡綠色的玉珮。

透視

　　你有看過這種圖嗎？地面忽然裂開一個大窟窿，竟然冒出一座游泳池。藝術家天賦過人，畫出這麼厲害的作品。不過一般人不用灰心，只要懂得立體的概念，再多懂一點「透視」，循序漸進也能畫出立體藝術作品。

　　先從入門開始，你能在紙上畫出立方體嗎？小訣竅是先畫一個正六邊形，從六邊形的正中間，往左上，右上，跟下面等三個頂點連線。就可以畫出一個看見3個面的正立方體。是不是很有立體的感覺呢？

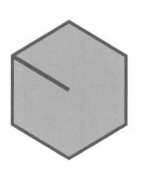
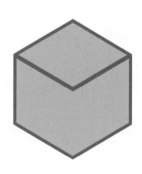
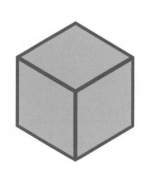

站在筆直街道往前看，覺得街道兩側明明是平行線段，卻距離愈來愈近，好像要交會在遠方。同樣的，擺在眼前的正立方體，因為角度跟距離的關係，你會覺得愈遠的部分、看起來愈小。所以儘管正立方體每邊都一樣長，但為了要畫得像立體，我們會把某幾條邊，畫得像是要在遠方交會。任何平面圖形，都可以運用這個概念讓它看起來很立體。

　　比方說，可以寫下你的英文名字，在名字的正下方或正上方找一個點，再把英文字母的每一劃延長，連到那個點，最後稍微設計，就得到一個專屬的立體名字。

　　有位數學家說過：「數學最終目的，是不再需要天才。」

　　只要用透視分析、計算，

每個人都有機會畫出美麗的透視圖，這原本是只有藝術家才能做到的呢。學會數學一門知識，就能讓你精通十八般武藝，是不是很值得好好學！

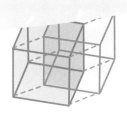
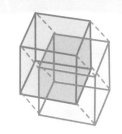

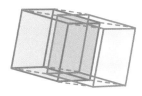

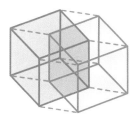

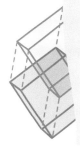

3

第三章

她來自四維空間

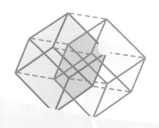

小哲解釋：「上回和李子傲比賽時，他用手掌做過測量工具，那時我們都笑他太奇怪了，怎麼有人會去量自己的手掌長度，然後還記住它。但我覺得知道自己手掌長度很酷啊，因為我們不會隨時帶尺，卻會把自己的手掌永遠帶在身上。」

叮叮忍不住抱著他：「二比一，我們領先了，小哲，你真是太厲害了。」

「嘿～我本來就很厲害。」小哲臉紅了起來，輕輕把叮叮推開。

求真隊選的下一題長得像長頸鹿。題目竟然是兩行長長的數學算式：

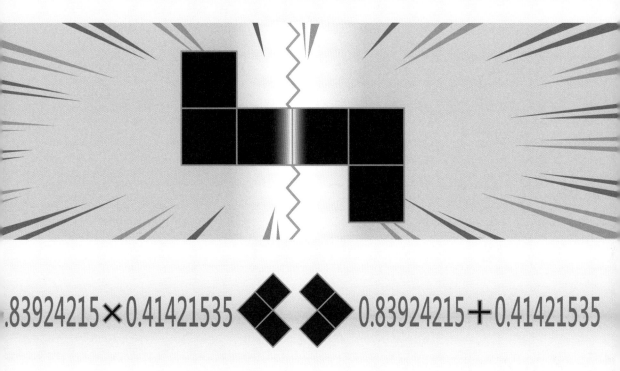

$$0.83924215 \times 0.41421535 \quad \blacklozenge\blacklozenge \quad 0.83924215 + 0.41421535$$

　　曹後完全不給春日小學一點機會，因為算式一出來，他立刻大叫：「小數愈乘愈小，是小於」。

　　「你怎麼知道？」小哲不服氣，他腦袋根本都還沒開始運算呢。

　　「乘上一個小數，一定比原本的數字還要小啊。小數加上小數，至少會比原本的數字大。好比說 0.2 跟 0.3，相乘之後是 0.06，相加是 0.5。」曹前說完，還和曹後擊了個掌。

下一張圖是白熊選的，它像在做早操。圖案一出來，所有的孩子都笑了，這個貝殼圖案和數字好熟悉。

「是一種比。」叮叮和小哲記得那一次任務：「這是黃金比例，1.618。」

早操圖真的一二一二的折疊起來，動作乾淨俐落。

白熊補充：「你們看這幾個正方形的邊長：1、1、2、3、5、8，每一個數字都是前兩個數字的總和，3＋5＝8……」

「我知道我知道，這是費、費……」小哲抓著頭努力想擠出後面幾個字，卻怎麼也想不到。

「費波那契數列，特色是裡面每個數字跟前一個數字相除，除出來的結果會愈來愈接近1.618。你看5÷3＝1.67；8÷5，很接近1.618了。」

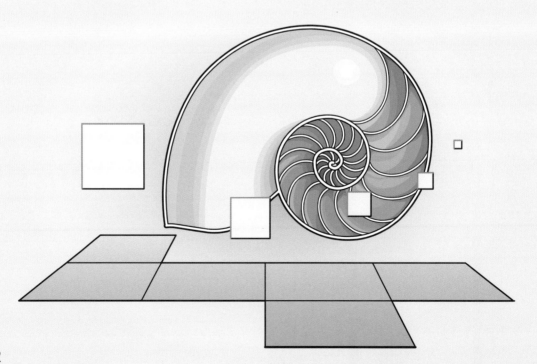

留下來的圖形不多了，求真隊的下一張圖像個單手做伏地挺身的人。題目是四顆骰子，它們在紙卡上不斷旋轉。

「泥們猜猜，骰子停下來時，總和是幾點。」

「機率。」曹前、曹後低聲研究。

叮叮他們也在討論：「兩顆骰子有 2 到 12 這麼多種可能，最容易出現的是最中間的點數和 7，最不容易出現的是最大跟最小的 2 和 12 點。」

「四顆骰子，最小是 4，最大是 24，所以只要找到中間……」小哲想得很快：「15 點！」

另一邊的曹前喊是 14。

「小哲，不對，是 14 點。」叮叮叫了起來。

白熊不放棄、安慰他們：「這是機率，雖然14出現機率最大，但也有可能出現其他數字。」

　　紙卡上的骰子一顆一顆停了。前三顆分別是 (3,2,4)，第四顆……

　　「5，5，5。」

　　「6，6，6。」

　　那顆骰子終於停下來了，是 5。

　　「運氣不錯。」鳳凰露露朝他們豎起大姆指。

　　曹前、曹後相對笑了一笑：「三比三，平手了。」

14 點～

鳳凰露露比了個暫停的手勢：「剛才求真隊選過一張不能折疊的展開圖，所以，是三比四，春日小學還領先一分。」

「選錯圖，還要送對方一分？」五個孩子激動的說。

鳳凰露露沒說話，像個盡責的裁判，退到一旁，靜靜看著他們的選擇。

現在，他們更謹慎了，求真隊選了一張像階梯的圖，它出的題目是幾個不斷旋轉的多邊形。

「平面星。」叮叮一說，全部的孩子都笑了。

「都是正多邊形。」曹前說完：「邊長相等，角度也相等。」

咚～那張卡片亮出一層紅光。

「四比四。」曹前、曹後興奮的大叫。

題目也只剩下五張了，小哲先選了一張……

倒楣的是，它竟不能組合。

下一題，求真的圖形也組合不起來，他們懊惱的看著春日隊的孩子高興的又叫又跳。

　　題目也只剩下最後一題了，一張階梯形。

　　白熊看看大家：「這可以組成一個正方體嗎？」

　　「可以。」小哲帥氣的伸手一拍，它用一種流暢的動作，組成一個精緻小巧的正方體，啪的一聲，上頭的蓋子打開了，出現這樣的圖。

　　「這什麼啊？」所有的孩子叫了起來。

「曾經，地球人認為地球是整個宇宙的中心，所有星球都繞著地球旋轉。後來，有一位科學家發現，不是太陽繞地球，是地球跟其他的行星一起繞著太陽轉。」

鳳凰露露老師從她的大包包裡拿出一個個正多面體，把它們套起來，就像天花板上的圖。

「然後又有一位科學家發現，土星、木星、火星、地球、金星、水星，這幾個行星之間都剛好可以放得下一個正多面體，就靠著這些形狀，太陽系才能順利運轉。」

小哲讚嘆著：「好厲害喔！我長大也要當這樣的科學家。」

「太陽，太陽，是哥白尼嗎？」曹前大叫。

鳳凰露露搖搖頭。

白熊問：「是克卜勒嗎，他是很厲害的天文學家，但我記得這個模型應該是錯的？」

噗～

漂浮在半空的正方體像變魔術似的，它從一個變成了三個，漂到了春日小學三個孩子面前，這才像朵蓮花般緩緩的展開，每一個裡頭都有顆璀璨的藍色寶石。

小哲把它拿起來：「給我們的嗎？」

「太漂亮了。」叮叮讚嘆著。

「但是模型……」白熊還是有疑問。

「模型是錯的，但是泥們的答案是對的，在克卜勒當時的地球人，只知道這幾顆星球。不過，科學就是這樣，以前認為對的，後來可能會被更新的結果推翻，不斷改進。因此，泥們地球人才能不斷進步，這才是泥們人類進步的模式。」鳳凰露露微笑的看著他們：「六比五，春日小學隊，泥們是這回的冠軍。」

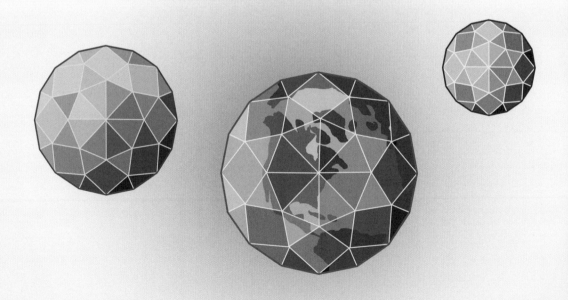

叮叮很好奇：「老師，妳怎麼說得好像來自外太空似的。」

「窩不是外太空來的。」

「這寶石……」小哲驚訝的發現，這幾顆藍色的寶石愈看愈像地球，有大海、有陸地。

「泥們要記住兩件事：進步需要好奇心跟數學好。用好奇心發現問題，用數學解決問題。窩來自一個大家更愛數學，更會使用數學解決問題的世界。經過這回的考驗，泥們的好奇心被引發了、數學進步了，這就是最好的獎品。以後，地球人的進步，就要靠泥們了。」

叮叮愈聽愈糊塗：「老師，那妳是哪裡人啊？」

「二維空間的平面星人害怕泥，泥們有什麼可怕的嗎？一樣的道理，泥們三維空間的人，覺得窩的一切都很神祕……」

「所以老師是四維空間的人？」曹前問。

「能穿越時間與空間的四維空間人？」

「這陣子相處，窩告訴泥們各種數學知識，泥們要努力，窩等著泥們找我。」

「我們怎麼找妳啊？」孩子們問。

「泥們如果想來，一定有辦法，窩等著泥們喔！」

鳳凰露露說完，四周突然變成昏暗，像是誰把電燈關掉了，原先的太空站，瞬間變成數學集訓室。

　　「咦，老師呢？」小哲看不到鳳凰露露。

　　五個孩子連外頭的走廊都找過了，卻不再見到她的身影。

　　而宇宙數學集訓室裡，玻璃雖然擦過了，黑板雖然乾淨了，但是，那種神奇的魔力，似乎已經消退了……

　　「老師，我們會去找你的。」叮叮不放棄，朝著空中喊。

　　「她聽不到的。」曹前、曹後說。

　　「一定聽得到，因為她來自四維空間。」叮叮、白熊和小哲同時大喊，「老師，我們總有一天會去找妳的。」

騎著犛牛的數學社？！

在西藏，他坐在犛牛上，家裡有 47 頭牛，包括他騎的這一頭。不過，母牛昨天剛生了兩隻小牛，所以是 49 頭。

他不像別的孩子，要把數字寫在紙上。不必，他記在腦海裡，而且不管怎麼考他，他都不怕。

一個陌生人騎著馬來，火紅大衣，白色的馬，是個大姐姐：「泥想不想參加一個數學的社團？」

「我？什麼社團？我們只要放牛就好。」

「窩的社團很有趣的，泥可以帶你的牛來參加。」

帶牛參加社團？這孩子驚訝的望著她，發現這個人的耳環特別大，搖起頭來，叮咚作響……

最終結局終於揭曉，是春日小學獲得勝利，可是卻再也看不到老師了。沒關係，先看看後面的數感百科，試著找出祕密線索吧！

數感百科

立體的概念

你讀過第七集介紹的小說《平面國》了嗎？讀過就知道，書中不只介紹平面國，還有「直線國」，我們也去一趟吧！畫一條長長的直線，這就是直線國。直線國國民是短短的線段，只能在直線國上前後移動。

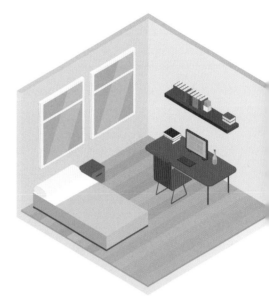

這是一個立體空間的小書房，你應該能說出椅子的前後左右和上下，各有什麼東西？這可是平面國國民無法想像的。

比較看看，直線國國民只能「前後」移動；平面國國民可以前後和「左右」移動；我們除了前後左右，還多了第三組的「上下」。

一組移動方向稱為「**維度**」；直線是一維、平面是二維，我們生活的立體空間就是三維。平面和立體有各種關係，故事裡的藍晒圖運用了透視技巧，在平面上畫出立體圖案；最後用各種平面展開圖，折出方塊，這些都有很多數學知識喔！

在平面形狀時，數學家利用邊的數目、角度、邊長將各種多邊形分類，再從各類型中找出許多規律，例如：同樣邊數的多邊形，內角和都一樣；不同邊數的多邊形，每差一條邊，內角和差 180 度。

立體比平面多一個維度，情況更複雜，不過本質上相同，都是「形狀的數學」。

就像你會 2 個 1 位數的加法：2 ＋ 6 ＝ 8

雖然 3 個 3 位數加法難很多：321 ＋ 430 ＋ 924 ＝ 1675

但兩者的基本知識都相同。平面和立體也一樣，有很多可以依此類推的部分，例如：由線段組成的平面形狀稱為**「多邊形」**，由許多面組成的立體形狀就稱為**「多面體」**。

接下來，請你扮演分類帽，分類各種多面體吧！

想想看，圓不屬於多邊形，那麼你覺得一顆球可以稱為多面體嗎？

柱體與錐體

　　首先來看兩組立體形狀，第一種稱為「柱體」、第二種是「錐體」。你能分辨它們的差異，並且精準的說出來嗎？

柱體

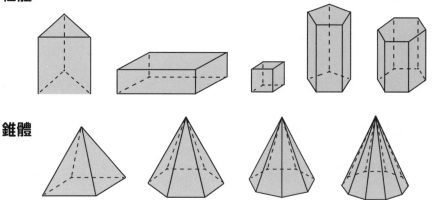

錐體

　　我們來看看金字塔與三角巧克力，它們有幾分相似，感覺只要拉長金字塔，跟三角巧克力就一模一樣。但其實，金字塔是錐體，三角巧克力是柱體，它們是不同的類型。對照前面的圖，柱體跟錐體到底差在哪裡？

　　金字塔的底座是一個正方形，往上愈來愈小，最後縮成一個點。直立起來的三角巧克力，上下是全等的兩片三角形。

上下形狀一樣的稱為柱體，一端會愈來愈小的則是錐體。

不僅如此，它們連底座圖案也不一樣。數學上稱金字塔形狀是「四角錐」，三角巧克力形狀是「三角柱」。

既然如此，為什麼我們第一眼又覺得它們很像呢？

原來，四角錐由底座正方形與側面三角形組成；三角柱由底座三角形與側面長方形組成。兩種立體形狀的每面都是三角形和四邊形，所以乍看之下，容易覺得它們很像。

除了圓柱與圓錐，前頁的幾個錐體與柱體，錐體側面都是三角形、柱體側面都是長方形。這是巧合，還是錐體側面都是三角形，柱體都是長方形呢？如果是的話，又是為什麼呢？

考考你，這兩種帳篷都是三角帳篷。但它們一樣嗎？

正多面體

　　第七集介紹「正多邊形」——每條邊都一樣長、每個角度都一樣大。依此類推，我們也有**「正多面體」**，每一面都是全等的正多邊形，每個角和邊也都相等。例如：由 4 片正三角形組成的形狀，一共有 4 個面，取名為正四面體；正立方體有 6 個面，所以稱立方體為正六面體。

　　第六集機率常出現的骰子就是運用了正六面體的特質，丟骰子時每面朝上的機率都一樣，這樣才公平。

　　記得第一套數感遊戲裡提到的另一顆骰子有 12 個面嗎？拿出來看看，它每面都是正五邊形，這是「正十二面體」。

正四面體	正六面體	正八面體	正十二面體	正二十面體

正四面體同樣也能做骰子。想像拋正四面體骰子，落地後朝上的是一個頂點，所以玩正四面體骰子，開出來的號碼是指「被蓋住的那面」。

四面骰朝下的是一面、朝上的是一個頂點，正四面體恰好是一個三角錐呢。

故事最後，小哲他們看到的克卜勒模型，裡面除了正四面體、正六面體、正十二面體以外，還有「正八面體」與「正二十面體」。正多面體恰好只有這5種，不像平面可以有正四邊形、正五邊形、正六邊形……等一直下去。

克卜勒那個年代的太陽系只有6顆行星，他說「每一顆行星軌道之間，剛好可以擺一個正多面體」。後來發現了天王星、海王星後，卻沒有更多的正多面體，這個論點就出現問題。不過看看這幅圖，就算不是科學作品，也是一幅很美的數學藝術品吧！

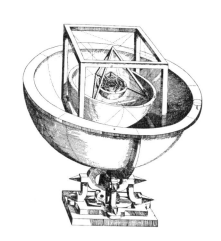

數感遊戲
正立方體超展開

　　鳳凰露露老師消失後，小哲他們有點不習慣，偶爾聊到一半會同時停下來，彷彿在這個時間點，老師應該要忽然闖進來，帶他們展開一場奇妙的數學探險。

　　只是再也沒發生了。

　　「我們來試試看，能不能自己拼出所有正立方體的展開圖形，好不好？」

　　這天叮叮提議，白熊跟小哲立刻附和。不用說出口，他們都知道彼此的想法：說不定，鳳凰露露老師正在四維空間俯看他們，如果11種展開圖都成功做出來，老師就會跑來給他們一個大擁抱呢。

　　你加入他們，一起努力找找看吧！

遊戲道具 請從書末遊戲配件頁自行影印後剪取

正方形的白色厚紙片 6 片，藍色、黃色與綠色紙片各 2 片，可重複撕下黏貼的膠帶（如紙膠帶）1 卷（請自行準備）。

遊戲玩法

❶ 找出展開圖

請把 6 片白色正方形紙片排列成可能是正立方體展開圖的樣子。排好後，再把紙片與紙片連接處用膠帶黏住固定。最後組合所有紙片，看看是否能組成一個正立方體？

如果拼錯的話，可以小心撕開膠帶，再重新組合一遍。正立方體一共有 11 種展開圖，試試看你可以找出是哪 11 種嗎？

❷ 拼拼看

試試看故事裡求真隊失敗的圖形，是不是真的不能拼出來呢？

❸ 進階玩法

換成 2 片藍色、2 片黃色與 2 片綠色紙片，用這些正方形紙片拼出一個正立方體展開圖。試試看，你的展開圖拼成正立方體後，正立方體相對的兩個面能不能剛好是同一種顏色？

數感思考

　　你是怎麼找出正立方體的 11 種展開圖呢？是單純嘗試，還是發現了「規則」。別忘了，數學是發現規則的學問，不只答案，過程也很重要，比方說：「1＋2＋3＋4＋5＋6＋7＋8＋9＝？」

　　你可以慢慢相加，但大數學家高斯說：「1＋9＝10、2＋8＝10、3＋7＝10、4＋6＝10，所以是 4 個 10 加中間的 5，答案是 45。」

　　這個算法是不是快很多！高斯在跟你們差不多的年紀就發現這個規律，他當時遇到的問題更複雜，是「1＋2＋3＋……＋49＋50＋51＋……＋97＋98＋99」。

　　一項一項慢慢加，半小時也算不完，但高斯發現是 49 個 100 加上中間的 50 後，很快就知道答案是 4950。

　　運用規律不只能找到答案，還能花很少時間就找到答案，這是更進階的「數感」。運用數感，就能省下很多寫作業或考試的時間囉。

我們先列出 6 個展開圖，它們的共通點是：「中間一排都有 4 個正方形，上下一排各有 1 個正方形」。前 4 種展開圖剛好是上排的正方形在最左邊，下排的依序從最左邊移到最右邊。後 2 個是把上排的挪到第二格，下排依序從最左邊到最右邊。不過理論上也該有 4 個，但為什麼只剩 2 個呢？

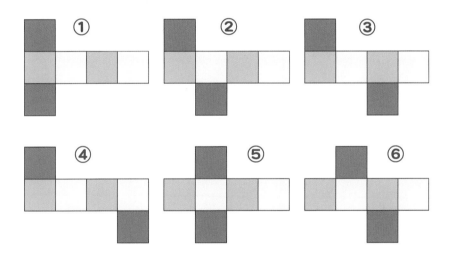

我們來看看沒被排進去的：

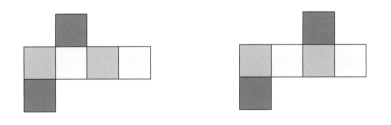

這兩種圖形是不是剛好翻過來，就等於第二個和第三個，所以不能被列入答案。

再來看這 3 種展開圖，它們中間排都有 3 個。

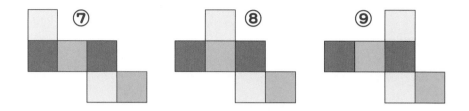

把展開圖的中間排縮成 2 個，找到第 10 種。

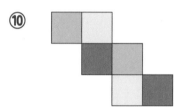

最後把三排正方形變成兩排正方形試試看，找到了第 11 種。

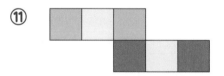

這樣按部就班的推理過程，是一種尋找的方法，不過不一定是最好的。回想一下，寫出你找到 11 種形狀的方法吧。

給家長的數感叮嚀

數感小學冒險系列來到尾聲，最後一集主題是「立體與展開圖」。小學三年級「立體形體與展開圖」，四年級「體積」、五年級「正方體與長方體」、「球與柱體」，六年級的「柱體體積與表面積」都會在本集出現。故最後破關情節，回顧了第一套數字邏輯主題的知識，您可以和小朋友一起想想看，哪一題是哪一集的數學內容，該集還講了哪些知識喔。以下，是針對這集內容，想跟各位家長分享的數學學習觀點：

堆積木式的學習

數學的堆疊性很強，先是加法；再來，很多組相同數字相加，變成了乘法；很多數字相乘，變成了次方、指數。指數的運算很麻煩，於是發明了對數……這些數學知識都在處理數字運算，只是就像配備升級一樣，愈後面的數學愈複雜，也能愈有效率的處理複雜題目。

正確的數學學習「站在既有知識的肩膀」上。不妨把數學想像成是積木，每一個新知識是一塊積木，疊在已經組好的知識城堡上。本集，就是名為「立體」的積木，疊在「平面」的積木上，書中不斷連結立體與平面的知識，讓小朋友從平面關係，延伸類推立體關係：平面多邊形的定義是什麼，立體是否有對應形狀；平面的周長與面積，到立體又多出什麼？

類似的作法貫穿了整套數感小學系列中：用進位連結四則運算跟時間計算、從四邊形延伸到多邊形。

請家長多提醒小朋友注意這些連結。當小朋友在某個知識點遇到困難，不僅僅是它比較難，還可能是因為幾年前某堂課的觀念沒搞清楚。與其等到國高中再回頭搞清楚哪裡有問題，不如把握每次「知新而溫故」的機會，融會貫通整個數學知識。

數學幫你分出差別

筆、杯子、便當、桌椅、車子、房舍……到處都是立體形狀，我們對立體不陌生，卻不常用數學的眼光看它們。本集選了四角錐跟三角柱這兩個看起來相似，但屬於不同分類的立體形狀。如果您有帶小朋友露營過，書中兩種不同的三角帳篷，就是最好的例子。坐在三角柱帳篷，從兩側的門看過去，都是固定大小的空間。這就是基於柱體的特質：沿著與柱體上下底平行的方向，切出的柱體截面積，面積都跟上下底相同。

如果在四角錐帳篷，前後左右的空間都隨著往上逐漸變小。住過帳篷的人都有感覺，卻不一定會連結到數學知識。一部分是因為，數學是在討論一個「抽象錐體」，它可以是金字塔，可以是三角錐帳篷，粽子、或立體茶包。我們不用因為「數學很抽象」而討厭它，該反過來慶幸數學的抽象性，才能應用在各種地方。只是抽象到現實的連結（也就是我們不斷提到的「看見數學」），比較少被提及，還需要我們一起努力多告訴小朋友一些例子。

抽象同時能讓我們更看清楚重要的特質。這就好像一張凌亂的桌子，東西都找不到；但如果桌子收乾淨，要找的物品一下就看見了。抽象捨棄現實細節，能更突顯重點。我們無法立刻說出兩個三角帳有什麼不同，但變成四角錐與三角柱，一眼就能看出差異所在。書中我們問錐體跟柱體側面為什麼一個是三角形，一個是長方形。如果您是老師，可以將同學分兩組，一組觀察帳篷，一組觀察抽象錐體與柱體。試試看，後者應該會比較快找到原因。

一題多解的積木公式

我們討論了兩種思考模式，計算一個空心立方體需要幾塊積木。一種是像做紙箱一樣，組合6片正方形；一種是用大實心立方體扣掉裡面小實心立方體。不只是堆積木，建議您多鼓勵小朋友平常寫習題時也多練習「一題多解」。習題通常是一種題型換個數字出好幾題，因此小朋友會覺得重複無聊。如果能用不同解法練習（要有實際鼓勵，不然小朋友會覺得反正都是答對，用一種技巧就好了，幹嘛多費工夫），既能活化思考，也比較不無聊，說不定還能找到「更棒的解法」。現行提倡的數學素養，除了與生活連結，如何更有效率的解決問題，也是重要的一部分，對小朋友來說，考試或寫作業省時間，也是很直接的好處。

積木的兩種思考，從體積下手就是比較快的那種。書中我們做了邊長4個積木的例子，讓小朋友試試看邊長5，如果小朋友有興趣，您可以鼓勵試試看更多不同的例子。我們附上公式（高年級同學可以嘗試引導，讓他們自己推推看），以邊長n塊積木的空心立方體，開始推導。

第一種方法推出來的公式是：

$$6n^2 - 12n + 8$$

意思是：$6n^2$是面積n^2的積木一共有6片，扣掉12條邊長是n的邊，再補回8個頂點。

第二種方法的公式是：

$$n^3 - (n-2)^3$$

意思是：體積n^3的大立體積木，扣掉體積是$(n-2)^3$的小立體方塊。

兩個式子在整理後一模一樣：

$$n^3 - (n^3 - 3 \times 2 \times n^2 + 3 \times 2^2 \times n - 8) = 6n^2 - 12n + 8$$

殊途同歸，是否有感受到數學真的很巧妙呢！

數感小學冒險系列
套書企劃緣起

國立臺灣師範大學電機工程學系副教授、
數感實驗室共同創辦人／賴以威

我要向所有關心子女數學教育的家長，認真教學的國小老師脫帽致意，你們在做一件相當不容易的事，因為根據許多國際調查，臺灣學生普遍不喜歡數學、對自己的數學能力沒信心，認為數學一點都不實用。這些對數學的負面情意，不僅讓我們教小朋友數學時得不斷「勉強」他們，許多研究也指出，這些負面情意會讓學習效果大打折扣。

我父親是一位熱心數學教育的國小教師，他希望讓大家覺得數學有趣又實用，教育足跡遍布臺灣。父親過世後，我想延續他的理念，從2011年開始寫書演講，2016年與太太珮妤一起成立「數感實驗室」，舉辦一系列給小學生的數學實驗課，其中有一些受到科技部的支持，得以走入學校。我們自己編寫教材，試著用生活、藝術、人文為題材，讓學生看見數學是怎麼出現在各領域，引發他們對數學的興趣，最後，希望他們能學著活用數學（我們在2018年舉辦的數感盃青少年寫作競賽，就是提供一個活用舞台）。

「看見數學、喜歡數學、活用數學」。這是我心目中對數感的定義。

2年來，我們遇到許多學生，有本來就很愛數學；也有的是被爸媽強迫過來，聽到數學就反彈。六、七十場活動下來，我最開心的一點是：周末上午3小時的數學課，我們從來沒看過一位小朋友打瞌睡，還有好幾次被附近辦活動的團體反應可不可以小聲一點。別忘了，我們上的是數學課，是常常上課15分鐘後就有學生被周公抓走的數學課。

可惜的是，我們團隊人力有限，只能讓少數學生參與數學實驗課。於是，我從30多份自製教材中挑選出10個國小數學主題，它們是小學數學的重點，也是我認為與生活息息相關。並在王文華老師妙手生花的創作下，合作誕生這套《數感小學冒險系列套書》。這套書不僅適合中高年級的同學閱讀。我相信就算是國中生、甚至是身為家長與教師的您，也能從中認識到一些數學新觀念。

本套書的寫作宗旨並非是取代學校的數學課本，而是與課本「互補」，將數學埋藏在趣味的故事劇情中，讓讀者體會數學的樂趣與實用。書的前半段故事讓小讀者看到數學有趣生動的一面；中段的「數感百科」則解釋了故事中的數學觀念，發掘不同數學知識之間的連結，和文史藝術的連結；再來的「數感遊戲」延續數學實驗課動手做的精神，透過遊戲與活動，讓小朋友主動探索數學。最後，更深入的數學討論和故事背後的學習脈絡，則放在書末「給家長的數感叮嚀」，讓家長與老師進一步引導小朋友。

過去幾年來，我們對教育有愈來愈多元的想像，認同知識不該只是背誦或計算，而是真正理解和運用知識的「素養教育」。許多老師和家長紛紛投入，開發了很多優秀的教材、教案。希望這套書能成為它們的一分子，得到更多人的使用，也希望它能做為起點，之後能一起設計出更多體現數學之美的書籍與活動。

王文華╳賴以威的數感對談

用語文力和數學力
破解國小數學之壁

不少孩子怕數學，遇到計算題，沒問題。但是碰上應用題，只要題目文字長些、題型多點轉折，他們就亂了。數學閱讀對某些孩子來說像天王山，爬不上去。賴老師，你說說，這該怎麼辦？

這是個很有趣的現象，我們希望小朋友覺得數學實用（小朋友也是這麼希望），但跟現實連結的應用題，卻常常是小朋友最頭痛的地方。我覺得這可能有兩種原因：

① 實用的數學情境需要跨領域知識，也因此它常落在三不管地帶。
② 有些應用題不夠生活化、也不實用，至少無法讓小朋友產生共鳴。

老師的數學太專業了啦！

原來如此，難怪我和賴老師在合作這套書的過程，也很像在寫一個超級實用又有趣的數學應用題。不過你寫給我的故事大綱，讀起來像考卷，有很多時候我要改寫成故事時，還要不斷反覆的讀，最後才能弄懂。

呵呵，真不好意思，其實每次寫大綱都想著「這次應該有寫得更清楚了」。你真的非常厲害，把故事寫得精彩，就連數學內涵都能轉化得輕鬆自然。我自己也喜歡寫故事，但看完王老師的故事都有種「還是該讓專業的來」的感嘆。

而且賴老師，我跟你說：大人們總是覺得看起來簡單得要命的小學數學，為什麼小孩卻不會？

最大一個原因在於大人忘了他們當年學習的痛苦。

這並不是賴老師太壞心，也不是我數學不好，而是數學學習和文學閱讀各自本來就是不簡單，兩者加起來又是難上加難，可是數學和語文在生活中本來就分不開。再者，寫的人與讀的人之間也是有著觀感落差，往往陷入一種自以為「就是這麼簡單，你怎麼還不懂」的窘境。

小朋友怎麼從一個具象的物體轉換成抽象的數學呢？

→ 當小朋友看到一條魚（具體）

→ 腦中浮現一隻魚的樣子（一半具體）

→ 眼睛看到有人畫了一條魚（一半抽象）

→ 小朋友能夠理解這是一條魚，並且寫出數字1

大人可以一步到位的1，對年幼的孩子來講，得一步步建構起來。

還有的老師或家長只一味要求孩子背誦與解題，忽略了學習的樂趣，不斷練習寫考卷。或是題型長一點，孩子就亂算一通。最主要的原因是出在語文能力不足，沒有大量閱讀的基礎，根本無法解決落落長又刁鑽得要命的題型。

以色列理工學院的數學教授阿哈羅尼（Ron Aharoni）提到，一堂數學課應該要有三個過程：從具體出發，畫圖，最後走向抽象。小朋友學習數學的過程非常細微，有很多步驟需要拆解，還要維持興趣。照表操課講完公式定理也是一堂課，但真的要因材施教，好好教會小朋友數學，是一門難度很高的藝術。而且老師也說得沒錯，長題型的題目也需要很好語文理解能力，同時又需要有能力把文字轉譯成數學式子。

確實如此，當我們一直忘記數學就存在生活中，只強調公式背誦與解題策略，讓數學脫離生活，不講道理，孩子自然害怕數學。孩子分披薩，買東西學計算，陪父母去市場，遇到百貨公司打折等。數學如此無所不在，能實實在在跟數量打足交道，最後才把它們變化用數學表達出來。

沒有從事數學推廣前，我也不覺得數學實用、有趣。但這幾年下來，讀了許多科普書、與許多數學學者、老師交流後，我深信數學是非常實用的知識，甚至慢慢具備了如同美感、語感一樣的「數感」。我也希望透過這套作品，想要品味數學的父母與孩子感受到數學那閃閃發亮的光芒，享受它帶來的樂趣。

讓孩子喜歡數學的絕佳解方

臺灣大學電機工程系教授、PaGamO 創辦人／葉丙成

要讓孩子願意學習，最重要的是讓他們覺得學這東西是有用的、有趣的。但很多孩子對數學，往往興趣缺缺。即便數學課本也給了許多生活化例子，卻還是無法提起孩子的學習熱忱。

當我看到文華兄跟以威合作的這套《數感小學冒險系列》，我認為這就是解方！書裡透過幾位孩子主人翁的冒險故事，帶出要讓孩子學習的數學主題。孩子在不知不覺中，隨著主人翁在故事裡遇到的種種挑戰，開始跟主人翁一起算數學。這樣的表現形式，能讓孩子對數學更有興趣、更有感覺！

而且整套書的設計很完整，不是只有故事而已。如果只有故事，孩子可能急著看完冒險故事就結束了，對於數學概念還是沒有學清楚。每本書除了冒險故事外，還有另外對應的數學主題的教學，帶著孩子反思剛才故事中所帶到的數學主題，把整個概念介紹清楚，確保孩子在數學這一部分有掌握這次的主題概念。

更讓我驚豔的，是每本書最後都有一個對應的遊戲。這遊戲可以讓孩子演練剛才所學到的數學主題概念。透過有趣的遊戲，讓孩子可以自發地做練習數學，進而培養孩子的數感。我個人推動遊戲化教育不遺餘力，所以看到《數感小學冒險系列》不是只有冒險故事吸引孩子興趣，還用遊戲化來提昇孩子練習的動機。我真心覺得這套書，有機會讓更多孩子喜歡數學！

用文學腦帶動數學腦，
幫孩子先準備不足的先備經驗

彰化原斗國小教師／林怡辰

數學，是一種精準思考的語言，但長期在國小高年級第一教學現場，常發現許多孩子不得其門而入，眉頭深鎖、焦慮恐懼。如果您的孩子也是這樣，那千萬別錯過「數感小學冒險系列」。

由小朋友最愛的王文華老師用有趣濃厚的故事開始，故事因為主角而有生命和情境，再由數感天王賴以威老師在生活中發掘數學，連結生活，發現其實生活處處都是數學，讓我們系統思考、解決問題，再引入教具，光想就血脈賁張。眼前浮現一個個因為太害怕而當機的孩子，看著冰冷數字和題目就逃避的臉孔。喔！迫不及待想介紹他們這套書！

專對中高年級設計，專對孩子最困難的部分，包括國小數學的大數字進位、時間、單位、小數、比與比例、平面、面積和圓、對稱、立體與展開，不但補足了小學數學課程科普書的缺乏，更可貴的是不迴避正面迎擊孩子最痛苦的高階單元。讓喜歡文學的孩子，在閱讀中，連結生活經驗，增加體驗和注意，發現數學處處都是，最後，不害怕、來思考。

常接到許多家長來信詢問，怎麼在學校之餘有系統幫助孩子發展數學運思，以往，我很難有一個具體的答案。現在，一起閱讀這套書、思考這套書、操作這套書，是我現在最好的答案。

從 STEAM 通向「數感」大門！

臺南師範大學附設小學教師／溫美玉

閱讀《數感小學冒險系列》就像進入「旋轉門」，你能想像門一打開，數學會帶你到哪些多變的領域嗎？

數學形象大翻身

相信大部分孩子對數學的印象，都跟這套書的主角小哲剛開始一樣吧？認為數學既困難又無趣，但我相信當讀者閱讀本書，跟著小哲進入「不可思『億』巧克力工廠」、加入「宇宙無敵數學社」後，會慢慢對數學改觀。為什麼呢？因為這本書蘊含「數感」這份寶藏！「數感」讓數學擺脫單純數字間的演練、習題練習，它彷彿翻身被賦予了生命，能在生活、藝術、科學、歷史中處處體會！

未來教育5大元素,「數感」一把抓

以下列舉《數感小學冒險系列》的五大特色:

①「校園故事」串起3人冒險

有故事情節、個性分明的角色,讓故事貼近孩子的生活。

②「實物案例」數學也能在日常生活中刷存在感

許多生活中理所當然的日常用品,都藏有數學的原則。像是鞋子尺寸(單位)、腳踏車前後齒輪轉動(比與比例)等,從中我們會發現人生道路上,數學是你隨時可能撞見的好朋友。

③「創意謎題」點燃孩子求知心

故事中的神祕角色鳳凰露露老師設計了許多任務情境,當中巧妙融入數學概念的精神。藉由解謎過程,能激發孩子對數學概念的思考。

④「數感百科」起源/原理/應用一把罩

從歷史、藝術、工程、科學、數學原理等層面總結概念,推翻數學只是「寫寫算算」的刻板印象。

⑤「數感遊戲」動手玩數學

最後,每單元都附有讓孩子實際操作的遊戲,讓數學理解不再限於寫練習題!

STEAM的最佳代言人!

STEAM是目前國外最夯的教育趨勢,分別含括以下層面:
科學(Science)、科技(Technology)、工程(Engineering)、藝術(Art)以及數學(Mathematics)。但學校的數學課本礙於篇幅,無法將每個數學概念的起源、應用都清楚羅列,使孩子在暖身不足的情況下就得馬上跳入火坑解題,也難怪他們對數學的印象只有滿山滿谷的數字符號及習題。

若要透澈一個概念的發展歷程、概念演進、生活案例,必須查很多

資料、耗很多時間，幸虧《數感小學冒險系列》這本「數學救星」出現，把STEAM五層面都萃取出來，絕對適合老師/家長帶領高年級孩子共讀（中、低年級有些概念太難，師長可以介入引導）。以下舉一些書中的例子：

① **科學** Science

「時間」單元的地球自轉、公轉概念。

② **科技** Technology

科技精神涵蓋書中，可以帶著孩子上網連結。

③ **工程** Engineering

「比與比例」單元的腳踏車齒輪原理。

④ **藝術** Art

「比與比例」單元的伊斯蘭窗花、黃金螺旋。

⑤ **數學** Mathematics

為本書的主體重點，包含故事中的謎題任務及各單元末的「數感百科」。

你發現了什麼？畢竟是實體書，因此書中較少提到「科技」層面，我認為這時老師/家長可以進行的協助是：

指導他們以「Google搜尋 / Google地圖」自主活用科技資源，查詢更多補充資料，比如說在「單位」單元，可以進行特定類型物件的重量/長度比較（查詢「大型動物的體重」，並用同一單位比較、排行）；長度/面積單位也可以活用Google地圖，感受熟悉地點間的距離關係。如此一來，讓數學不再單單只是數學，還能從中跨越科目進入自然、社會、資訊場域，這套書對於STEAM或素養教學入門，必定是妙用無窮的工具書。

增加「數學感覺」也是我平常上數學課時的重點,除了照著課本題目教以外,我也會時時在進入課程前期、中期進行提問(例如:「為什麼人類需要小數?它跟整數有什麼不同?可以解決生活中的什麼事情?」)。在本書的應用上,可以結合這樣的提問,讓孩子先自己預測,再從書中找答案,最後向師長說明或記錄的評量方式,他們便能印象更鮮明。總而言之,我認為比起計算能力的培養,「數感」才是化解數學噩夢的治本法門,有了正向的「數學感覺」,才有可能點亮孩子對數學(甚至是自然、社會、資訊等)的喜愛,快用《數感小學冒險系列》消弭孩子對數學科的恐懼吧!

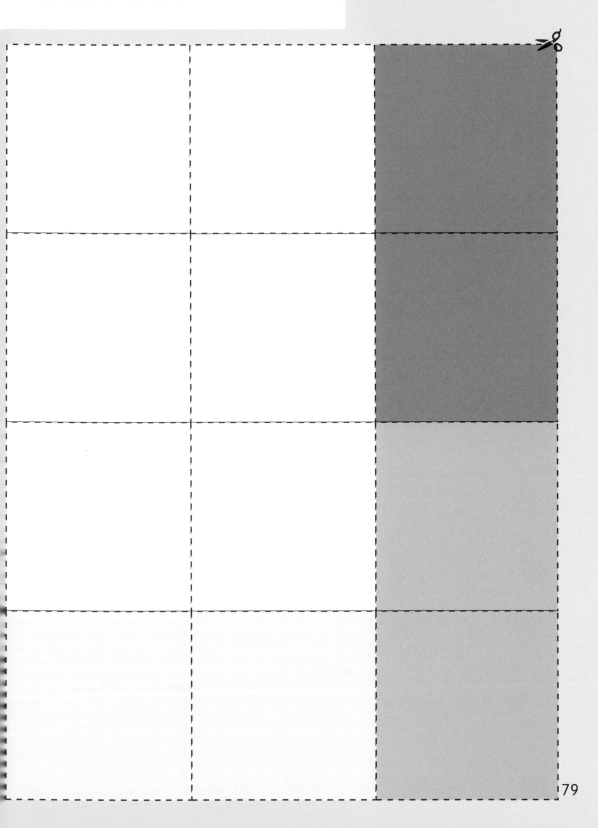

👀 知識讀本館

作者	王文華、賴以威
繪者	黃哲宏、楊容
照片提供	Shutterstock、維基百科

責任編輯	呂育修
特約編輯	高凌華
美術設計	洋蔥設計
行銷企劃	陳詩茵

發行人	殷允芃
創辦人/執行長	何琦瑜
副總經理	林彥傑
總監	林欣靜
版權專員	何晨瑋、黃微真

出版者	親子天下股份有限公司
地址	台北市 104 建國北路一段 96 號4樓
電話	(02) 2509-2800
傳真	(02) 2509-2462
網址	www.parenting.com.tw
讀者服務專線	(02) 2662-0332 週一～週五：09:00 ～ 17:30
讀者服務傳真	(02) 2662-6048
客服信箱	bill@cw.com.tw
法律顧問	台英國際商務法律事務所‧羅明通律師
製版印刷	中原造像股份有限公司
總經銷	大和圖書有限公司 (02) 8990-2588

出版日期	2021 年 8 月第二版第一次印行
定價	300 元
書號	BKKKC181P
ISBN	978-626-305-041-9（平裝）

訂購服務
親子天下 Shopping　shopping.parenting.com.tw
海外‧大量訂購　parenting@service.cw.com.tw
書香花園　台北市建國北路二段 6 巷 11 號 (02) 2506-1635
劃撥帳號　50331356 親子天下股份有限公司

國家圖書館出版品預行編目 (CIP) 資料

鳳凰露露的祕密 / 王文華，賴以威作；黃哲宏，楊容
繪 . -- 第二版 . -- 臺北市：親子天下股份有限公司，
2021.08
　面；　公分 . -- (數感小學冒險系列；10)
ISBN 978-626-305-041-9(平裝)

1. 數學教育 2. 小學教學

523.32　　　　　　　　　　　　　　110010186

立即購買 >

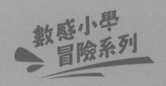

數感小學冒險系列

鳳凰露露的 祕密 10